Combattre les petites philosophies du pénis

Du même auteur

De l'Une à l'Autre : de la grossesse à l'abandon, Hommes et perspective, 1997.

S. Marinopoulos, C. Sellenet et F. Vallet, *Moïse, Œdipe et Superman : de l'abandon à l'adoption*, Fayard, 2003.

Dans l'intime des mères, Fayard, 2005.

Le déni de grossesse, Yakapa, 2007.

Le corps bavard, Fayard, 2007.

S. Marinopoulos et I. Nisand, *9 mois et cætera*, Fayard, 2007.

La vie ordinaire d'une mère meurtrière, Fayard, 2008.

Dites-moi à quoi il joue je vous dirai comment il va, LLL Les Liens qui Libèrent, 2009.

Pourquoi porter bébé, LLL Les Liens qui Libèrent, 2009.

Néonaticides-infanticides, Yakapa, 2010.

S. Marinopoulos et I. Nisand, *Elles accouchent et ne sont pas enceintes : le déni de grossesse*, LLL Les Liens qui Libèrent, 2010.

Sophie Marinopoulos

Combattre les petites philosophies du pénis

Où vont les femmes ?

LLL LES LIENS QUI LIBÈRENT

ISBN : 978-2-918597-43-8

À Panayoti,
Aspasie,
Caliope,
Angeliki

Adam le prétentieux

Tout commence avec le sommeil d'Adam, plongé dans une torpeur tranquille. Douce image que celle de l'homme qui dort, insouciant, ignorant le rôle qu'il va jouer dans l'avenir de l'humanité. Simple jardinier d'Éden, il prend soin des arbres et ne compte ni les heures ni les jours, pas encore créés. Il échappe à l'ennui, aux rêves, au temps qui passe.

Prisonnier de cette petite mort qu'est le sommeil, il ignore le sort que Dieu lui réserve. Il ne sait pas qu'à son réveil, son corps portera une cicatrice ; il ne sait pas qu'une femme va apparaître, qui signera la fin de son isolement ; il ne sait pas qu'ensemble, ils vont engager l'humanité sur un chemin encore inconnu ; il ne sait rien du sexe, de l'interdit, du serpent ou de la pomme : il n'est encore qu'un simple jardinier endormi.

À peine les yeux ouverts, il découvre cette présence, cette autre, son double, sa symétrie, son Isha, la chair de sa chair, une compagne de même nature, ce que la cicatrice en son flanc révèle à tous. Car elle est bien là, longue, précise, une incise profonde qui ne laisse aucun doute. La femme est née de lui – enfin, plus exactement, on a pris un bout de son corps pour faire un autre corps. Elle est née de sa mutilation, il a fallu attaquer son intégrité corporelle. Au cours de cette histoire originaire, il ne voit pas en cette autre la femme image, la femme sexe, la femme tentation, celle qui met l'homme au défi de tenir son désir. Il ne voit qu'une chose : la chair de sa chair. *Il n'en croit pas ses yeux.* C'est bien lui en cet autre.

Il a la sensation terrible d'avoir perdu un morceau de lui-même, de ne plus être entier, d'être définitivement estropié ; Adam lutte contre ce qu'il ressent comme une perte et qui le terrifie.

Très vite, il se ressaisit et imagine une stratégie que ni lui ni son créateur n'avait prévue. Car, qu'on ne s'y trompe pas, Dieu tout-puissant n'a ni cartes ni boule de cristal : il est incapable de prédire l'avenir. Il a simplement posé sur un échiquier géant là un homme, là une femme, puis plus tard un serpent et quelques arbres, dont un qu'il ne faudra pas toucher. Dieu crée et observe. Il n'a créé ni le bien ni le mal. Il a créé, un point c'est tout. Mal ? Peut-être. Sans réfléchir ? Difficile de l'affirmer. Mais une chose est certaine : comment pouvait-il imaginer qu'Adam ne supporterait pas la présence d'Ève ? Non parce qu'elle ne lui plaît pas, mais bien parce qu'elle s'est approprié sa chair. Il se sent floué et vulnérable pour deux raisons : la première est liée à cette crainte inévitable de la séparation que crée le fait d'être deux ; la seconde à cette sensation de manque immense, manque d'un bout qu'il considère comme étant *lui.*

Adam décide de réagir : à peine créé, il échappe déjà à son créateur. Et c'est précisément là que le destin de notre humanité, celle des hommes et des femmes, des hommes avec les femmes, des couples futurs, trouve son origine.

Adam use d'une logique enfantine bien rodée : la pensée magique, qui nie la réalité. Il ne s'est pas endormi, il a tout vu, il sait comment Ève est née. Il est à l'origine de tout. Et au nom « de ce tout », il est le maître absolu.

Sa première pensée d'être humain autonome et mature est d'une mauvaise foi telle qu'il réfute, dès le premier instant de la rencontre avec Ève, la possibilité que quelque chose lui ait échappé. Aussi décide-t-il que c'est bien sous son contrôle et selon sa volonté que les choses se sont modifiées. Il préfère se mentir que de s'avouer ignorant. La vanité a devancé l'humanité, l'affect la raison, le soi-disant savoir l'ignorance.

À cet instant précis, le tournant de l'histoire est décisif. Adam affirme que cette autre est sa créature, son œuvre. Il vante la ressemblance de *la chair de sa chair*, annule l'altérité qu'elle porte en sa présence.

Grâce à ce nouveau récit, il n'a pas à penser le manque puisqu'il n'a rien perdu : ils font un.

D'après cette reconstruction narrative, c'est Adam qui, se substituant à Dieu, devient le créateur. Sur Ève, rien n'est dit.

Le cœur du mal : le syndrome d'Adam

Adam et Ève, créés pour être deux humains égaux, faits pour vivre ensemble, sont très vite projetés, sous l'impulsion d'Adam, dans un rapport de force où le désir de possession de l'un sur l'autre va intoxiquer durablement leur destin.

Ainsi naît le syndrome qui mérite bien l'appellation *syndrome d'Adam,* du nom du premier homme, celui qui affirme qu'Ève lui appartient. Il en devient le possesseur, colonise son intimité, invente un droit de naissance, un fait de préemption que certains, plus tard, perpétueront.

Le premier mouvement de l'âme humaine n'est ni la reconnaissance, ni l'amour, ni le partage, mais bien un désir d'accaparement. L'homme a donné une interprétation de l'origine de son existence telle qu'il s'accorde un droit d'héritage, un droit d'aînesse, une supériorité sur la femme, une possession du sexe dit faible et, par la suite, une invasion du sol, une oppression des croyances, une marchandisation de l'humain – comme si d'Adam étaient nés à la fois l'homme et le syndrome de l'homme.

Il a beau être doté de parole, c'est par son comportement qu'il se distingue dès son apparition. Car Adam n'accueille pas Ève avec des mots de bienvenue, mais avec des gestes d'appropriation. Il ne lui parle pas, il la prend. Il ne la considère pas comme son égale, mais comme sa chose. Est-ce que la blessure de son corps mutilé se trouve à l'origine de ce sentiment d'une altération de sa propre intégrité ? Certainement, une perte s'est inscrite dans sa chair, indissociable de son histoire. Que cette perte doive à la fois être supportée et dépassée est une évidence.

Devant cette difficulté, Adam est lâche. Il préfère s'approprier la chair de sa chair. Par ce geste violent, il fuit l'altérité. À l'aube de la rencontre homme/femme, qui signe la première conjugalité et fera naître la première famille, nous mesurons les racines de nos symptômes actuels. Quel changement réel entre ce couple en peine de relation égale dans le jardin d'Éden et nos couples d'aujourd'hui ?

Les maux de l'humanité n'ont pas d'âge et être deux est toujours source de fragilité affective et relationnelle. Être deux, c'est accepter la différence. Et bien plus encore, être deux, c'est renoncer à la complémentarité, à cette pensée naïve souvent entendue « qu'ensemble on ne fait qu'un ». Un plus un n'est pas égal à un, jamais. C'est après, et après seulement, cette acceptation aussi mathématique qu'affective et relationnelle que peut se vivre « l'être deux », qui deviendra une force et un enrichissement. Dès notre naissance, cet enjeu est à l'œuvre, et avec lui notre naissance d'être parlant.

Tout se joue dès les premières minutes de vie, où le petit homme doit renoncer à être « tout pour la mère », « tout avec la mère » ou, en langage psychanalytique, *à être son phallus*. C'est là l'origine de la vie dite psychique, dans laquelle on ressent la mère avant de l'aimer, on la recherche avant de la connaître, on la veut tout à soi avant de devoir y renoncer. Instaurer un face-à-face n'est pas simple pour la mère, qui doit se détacher du corps de l'enfant, le regarder, le nommer, lui dire ce qu'il représente pour elle afin qu'il ne reste pas *sa chose, un bout de son être*. Seule, elle ne peut pas le faire. L'effort est trop grand. Le père doit être présent.

En effet, la mère et l'enfant ne font pas qu'un ; l'amant et l'amante restent deux êtres distincts. *L'autre* toujours échappe. Il crée la possibilité de cet espace qui, aussi ténu soit-il, permet *que ça se parle*. C'est dans ce regard porté sur l'enfant que réside la différence des sexes. L'espace créé entre lui et le corps de la mère sera fondamentalement différent selon qu'il soit fille ou garçon. Nos propres gestes le signifient. Tels ceux de la mère qui, étrangement, prend la petite fille contre elle et le garçon face à elle. Il reçoit le souffle, elle entend le battement du cœur. Quand le bébé, fatigué de dialoguer, le signifie en détournant son regard, les mères sollicitent alors trois fois plus les filles que les garçons[1]. Les pères laissent faire. Est-ce un signe de tolérance pour les garçons ou d'intrusion pour les filles ? D'une plus grande facilité d'identification de la mère à la fille qu'envers le garçon, plus étranger ? Étonnant. Dérangeant ! Les sonorités diffèrent et déjà la mère marque de ses premières empreintes sensorielles le psychisme de l'enfant. Phénomène culturel ? Ancestral ? Archaïque ? Acquis ou inné ? Le débat divise les chercheurs, les intellectuels et les militants.

Le concept du genre envahit la littérature américaine dans les années 1970 sous la plume notamment de Judith Buttler[2] chez laquelle on retrouve une certaine influence de la psychanalyse mais avec me semble-t-il un désaccord profond sur la question de la féminité, de la masculinité, et de leurs expressions. Aujourd'hui c'est en France que sa thèse de la construction sociale de la différence des sexes trouve son succès. Selon l'auteure nous naissons biologiquement différents mais nous nous distinguons du fait d'influences sociales et culturelles, de même que l'hétérosexualité est une construction

1. Boris Cyrulnik, *Sous le signe du lien*, Paris, Hachette Littératures, 1989.

2. J. Buttler *Trouble du genre : pour un féminisme de la subversion*, traduction Cynthia Krauss, La Découverte, 2005

assignée par des interactions psychiques précoces données par la société. D'une certaine façon nous pourrions en déduire une forme de biologisation du psychisme, comme si l'enfant qui naît garçon peut devenir psychiquement fille dans une forme de destin à jamais figé puisque la conflictualité psychique est évacuée, et vice et versa.

La psychanalyse pour sa part a toujours montré la grande puissance des fantasmes parentaux et leurs influences dans le réel de l'enfant. Nous ne sommes pas qu'un corps de chair. Nous sommes traversés par une histoire, pris dans des rencontres précoces où les fantasmes, les gestes, les mots, les pensées, nous constituent. Etre de chair et de mots. Corps physique et psychique accompagnent notre croissance. Bébé-fille, bébé-garçon portent des messages du masculin et du féminin dans leur corps sexué, en creux, en plein, en trop plein. Ils naîtront avec ce bagage Sujet de leur identité sexuée, plus tard de leur identité sexuelle où *la question du manque* ne manquera pas de se gestuer, de se vivre, de se parler. Là est la différence des sexes. Là est la démonstration du psychisme et de ces enjeux internes qui ne changera en rien le sexe de l'enfant mais agira sur son expression et le rendra singulier.

Alors maintenant il nous faut poser la question : quel programme politique face à ces agirs parentaux ? Face à ces modèles précités de sexisme maternel caché sous un laisser-faire paternel ? Qui est responsable de quoi ?

Qui devons-nous dompter ? La psyché des mères ? La raison des pères ? Irons-nous jusqu'à intervenir dans l'intimité des relations précoces au nom d'une égalité que nous voulons fonder sur le déni d'une existence féminine et masculine différente ? Ou accepterons-nous l'idée que ça nous échappe, mais qu'il nous reste un large champ pour œuvrer à une égalité dans la différence ?

Nous en reparlerons.

Le premier féminisme sur le champ de l'intime : l'être de charme

Cette reconstruction littéraire de la naissance de notre humanité est une métaphore de l'origine des problèmes homme/femme. Les tensions ne datent pas d'hier et j'y vois les prémices d'un malentendu durable, qui a substitué à une asymétrie d'origine une inégalité des sexes. L'acte de naissance – Ève née de la côte d'Adam, le petit homme des entrailles de la mère – crée de l'asymétrie et engage des risques profonds de déséquilibre, qui commencent par l'appropriation de l'être naissant. L'altérité est en danger à l'instant même où elle tente de s'imposer.

Partant de là, notre culture a créé des divisions, des forts et des faibles, des maîtres et des esclaves, des dominants et des dominés, reléguant le plus souvent la femme à une place peu enviable. Les millénaires l'ont ainsi vue appauvrie dans ses droits, sa liberté, son autonomie, sa pensée, et le monde porte encore aujourd'hui les stigmates de la prétention d'Adam. Dans bien des parties du globe, la femme reste inférieure, soumise aux caprices des hommes, à l'invention de lois religieuses ou culturelles qui légitiment des servitudes conjugales et familiales, qui font d'elle un objet, une chose, un morceau, l'entravant ainsi dans des liens où l'appartenance règne en maître. Et le maître, c'est lui.

Mon propos n'est pas de rendre compte de l'histoire du féminisme. Il s'agit simplement de mettre en évidence comment les femmes ont voulu sortir d'une condition féminine peu enviable. Le travail était immense. Comment situer le début de cette lutte dans le curseur de l'histoire ? Tâche difficile ! Le combat n'est pas frontal, les mots nous manquent. Seuls des actes émergent, comme de petits signes de leur volonté d'instaurer un droit minimal : exister, ne pas être menacée dans sa vie au nom d'une suprématie masculine toute-puissante. Il faut vivre, et vivre le mieux possible, tout en organisant un combat sourd et utile.

Le fléau est la domination masculine, qu'elles tentent de canaliser, d'appauvrir, en usant de leur féminité, qui œuvre comme un pouvoir et prend alors l'allure d'un premier féminisme.

Elles ont choisi un combat silencieux et assaillent les sentiments de leur Adam, s'attaquent à leur vulnérabilité émotionnelle. Puisqu'elles n'avaient pas encore la parole libre, elles ont usé de leur attention pour les soigner, les aimer, les materner. Elles ont composé avec un espace restreint, le champ de l'intime, dans lequel l'altérité était possible. Elles ont su se transformer en compagne capable de pacifier les relations. Ils avaient pris leurs corps, elles ont pris leurs âmes dans l'attente d'une meilleure répartition des rôles. Devenues indispensables sur le champ de l'Éros, elles ont ainsi pu apparaître à leurs côtés, non pas en tant qu'égales mais en tant qu'*êtres nécessaires*. Exhibées, peintes, chantées, louées, elles se prêtent à l'art, deviennent les sujets d'inspiration de l'artiste tout en rêvant d'occuper un jour sa place. L'homme qui possède la femme est admiré et envié, mais gare à elle si elle lui déplaît ou le contrarie : sa vie vaut peu de chose. Aussi c'est avec prudence et habileté qu'elles ont agi. Rien de marquant à première vue – et pourtant, le combat est engagé.

L'anonymat appartient à la première phase de ce féminisme, car toutes savaient que leur liberté serait arrachée par étapes, que ce combat pour le droit d'exister n'avait de sens que dans le temps et par le groupe. Il leur a fallu batailler génération après génération pour tenir le fil de cette existence et donner à *l'être femme* la continuité nécessaire à sa survie.

De l'être de charme à l'être de parole : le féminisme des diseuses

Nos aïeules ont vite compris que pour passer de l'identité de *l'être de charme* à *un être de parole,* il fallait persévérer. Figures courageuses, connues ou inconnues, femmes de tête ou femmes de l'ombre, chacune à son époque a poursuivi le combat au-delà du champ de l'intime.

Avec le temps, les mots « ténacité », « courage » et « efficacité » ont pris tout leur sens. Ils se sont éprouvés dans des petites batailles et des grandes victoires, dans lesquelles elles ont prouvé qu'il ne suffisait pas de crier fort la quête de l'égalité pour que l'égalité se vive, qu'il ne suffisait pas d'ignorer les hommes – tel Adam la femme dans le jardin d'Éden – pour fabriquer de la reconnaissance réciproque. *Le fait de parole* est bien autre, en temps, en rythme, en être, en expressions et attitudes. Le fait de parole est au-delà. Il se vit, se signifie et scande le temps. Pour cette raison, les femmes de salon, les romancières, les artistes, *les diseuses*, ont pris les armes, à savoir les mots.

Olympe de Gouges ne manquait ni de courage ni de répartie quand elle se lance en 1791 dans la rédaction de la « déclaration des droits de la femme et de la citoyenne ». Elle acte ses propositions en les vivant chaque jour. Elle participe aux luttes politiques de son époque, un XVIIIe siècle chahuté par des hommes mais aussi des femmes comme Théroigne de Méricourt, qui appelle le peuple à prendre les armes et participe à la prise de la Bastille. Qui se souvient d'elle, et de toutes celles qui ont marché sur Versailles, finissant par ramener Louis XVI dans la capitale ? Quand sont-elles nommées dans les cours d'histoire, les Claire Lacombe, Pauline Léon, Louison Chabry, Renée Audou ? Se souvient-on de celles qu'on appelait « les tricoteuses » parce qu'elles occupaient les tribunes de la Constituante, le tricot à la main, apostrophant les députés pour leur rappeler qu'elles représentaient le peuple. Qui sait que jusqu'au bout, Olympe de Gouges a bravé les hommes ? L'histoire raconte qu'elle a été guillotinée après avoir clamé une dernière fois : « si les femmes peuvent monter à l'échafaud, elles peuvent monter à la tribune. »

Les mots des femmes ! Vifs, d'une lucidité tranchante qui les pousse à se brûler les ailes et parfois à perdre leur vie pour ne pas perdre la face. Rien ne les arrête. Si les hommes continuent de les exclure de la sphère politique, elles maintiennent leurs revendications sur le droit de vote, refusent leur rôle d'épouse rangée, réclament l'amour libre, exigent le divorce et vont jusqu'à critiquer le mariage, affrontant alors les critiques d'immoralisme de l'époque. Comme leurs aïeules de 1789, elles participent aux journées révolutionnaires et les femmes de 1848 font une « percée » dans l'espace public se lançant dans l'édition et le journalisme. Eugénie Niboyet crée, le 20 mars, *La Voix des femmes* qui est dans un premier temps le principal relais des revendications féminines ; suivront *La Politique des Femmes* de Désirée Gay, en juin, puis *L'Opinion des femmes*, publié en janvier 1849 par Jeanne Deroin. La marche des mots est lancée. Elles écriront et laisseront ainsi la trace de leurs idées et revendications dans les livres et les revues.

L'instruction sera une de leurs meilleures armes. Défier les hommes sur le terrain du savoir. Apprendre encore et toujours. Les égaler. Une fois encore, des prénoms symbolisent ces avancées : Julie-Victoire et Emma, les deux premières femmes à obtenir le baccalauréat en 1861 et 1863 – Mesdemoiselles Daubié et Chenu – des pionnières pugnaces, oubliées aujourd'hui, comme la force de ce symbole acquis. À quand un prix Julie-Victoire ?

Au fil des siècles, l'ambition féminine tisse des droits indéniables et le XXe siècle se voit militant. Les femmes parlent, revendiquent, organisent des combats porteurs de victoires. Avec le temps, elles vont enfin pouvoir voter, divorcer, aimer librement, se constituer en association, créer des partis, parler sur la place publique et continuer d'écrire. Écrire, mais cette fois pour « dire » autrement. C'est une période marquée par une intense activité de théorisation de la condition féminine.

Antoinette Fouque anime dans le Mouvement de libération des femmes (MLF) le groupe « Psychanalyse et politique » et cherche un rééquilibrage qui n'annule pas les différences homme/femme, un « contrat humain » de respect et de confiance. C'est une approche psychanalytique fondamentalement critique, qui prend pour cible la conception freudienne d'une libido qui ne serait que phallique. Elle se différencie des courants féministes qui prônent l'indifférenciation sexuelle. Elle ne croit pas que les femmes soient des hommes inachevés et affirme qu'il y a deux sexes[1]. Elle parle de l'existence d'une libido utérine et ajoute ainsi un quatrième stade libidinal à la théorie freudienne : *la libido creandi,* puissance d'engendrer propre à la femme.

Elle n'en reste pas là. Après avoir été auteure et théoricienne brillante, la voilà éditrice, créant dès 1973 Les éditions des femmes, puis « la bibliothèque des voix » en 1980, poursuivant ainsi la volonté des femmes d'avoir leur propre lieu d'expression, leurs maisons d'édition, leurs journaux.

---

1. Antoinette Fouque, *Il y a deux sexes : essais de féminologie,* édition revue et augmentée, Paris, Gallimard, 2004.

Elle n'a peur de rien, Antoinette, et son regard direct et franc le confirme. Son discours est pertinent, moderne, plein d'avenir, celui d'une mère qui, *suffisamment bonne,* nous met en garde contre nos propres travers. Car la femme sait être l'ennemie de la femme, en particulier quand elle défend – sur un certain mode que nous qualifions de « réactionnel » – des valeurs qui l'emprisonnent et un pouvoir qui la domestique. Pour garder le cap, le conseil est simple mais dur à tenir : la femme est dans une dynamique, elle est en mouvement vers son accomplissement, et elle doit rester dans ce mouvement. Il est intérieur, personnel, singulier, et participe au combat collectif des femmes.

La pensée dominante quant à elle suit la voie esquissée en 1949 par Simone de Beauvoir avec *Le Deuxième Sexe,* où la femme est un homme comme les autres. La construction sociale de la différence des sexes est disséquée, analysée, démontrant comment la socialisation impose des rôles sociaux différents aux personnes des deux sexes. Le concept de patriarcat définit le système social et est à l'origine de l'oppression des femmes. C'est pour cette raison que, pour elles, aucune égalité entre les sexes ne peut être obtenue à l'intérieur du système « patriarcal » et qu'elles préconisent de renverser ce système pour instaurer de nouveaux rapports entre les sexes. Simone de Beauvoir fait scandale et devient la figure de proue du féminisme en décrivant cette société qui maintient la femme dans une situation d'infériorité. Quand elle parle de la maternité et de l'avortement, elle déchaîne les passions. Qu'à cela ne tienne, elle poursuit sur le mariage, qu'elle considère comme une institution bourgeoise aussi répugnante que la prostitution lorsque la femme est sous la domination de son mari et ne peut en échapper. Cette femme de caractère savait comprendre sans condamner, se concentrer sans aucun pathos sur la défense d'une ligne politique à tenir dans l'intérêt des femmes.

C'est autrement que Gisèle Halimi a combattu pour les femmes, Dans ses souvenirs, elle évoque son *féminisme instinctif,* sa première grève de la faim comme ces parents exigeaient d'elle qu'elle fasse le ménage pour ses frères, pendant qu'eux pouvaient lire et apprendre.

Ce souvenir a réveillé chez moi la mémoire de la première violence sexiste à laquelle j'ai été confrontée, face à un de mes cousins – éduqués comme les frères de Gisèle Halimi – qui prenait sa sœur, ma cousine, pour son inférieure. Un jour, l'un deux, contrarié contre elle, décida de lui confisquer son petit tourne-disque. J'étais alors confiée à mon oncle et à ma tante pour une dizaine de jours, mes parents étant partis en vacances. Je passais ainsi sans transition d'une éducation faite de respect et de rigueur à un milieu hostile aux femmes, aux filles sans cesse sous le regard des hommes, père et frères. Les femmes n'avaient pas la parole. Le jour de l'incident, j'étais avec ma cousine dans sa chambre et nous écoutions de la musique. Nous avions neuf ans. Il entra sans frapper – ce qui était normal à ses yeux – et s'apprêtait à repartir avec le tourne-disque de ma cousine. Furieuse, je me mis en travers de son chemin, exigeant qu'il nous rende ce qu'il avait pris. Il refusa, je le frappai. Il ressortit enragé et, plus encore, humilié. La plainte arriva directement à son père, mon oncle, qui nous enferma 48 heures dans notre chambre avec interdiction d'en sortir. Qu'importe ! Nos seules sorties autorisées devant se faire en présence de mes cousins, nous ne perdions rien, bien au contraire. Mais si je condamne aujourd'hui ma violence enfantine, j'ai conscience que mon sentiment d'injustice n'était pas né d'un féminisme instinctif qui devait lutter chaque jour comme Gisèle Halimi. J'avais été élevé dans l'atmosphère d'égalité qui régnait dans mon environnement familial et social. Pour elle, en revanche, la liberté devait être acquise à chaque âge de sa vie.

Dès quinze ans la puberté venant, elle refuse d'entendre qu'elle est désormais prête pour le mariage. Elle refuse que son corps soit la propriété d'un autre. Il lui faut se battre sans cesse pour vivre et exister, pour mener sa propre vie. Son féminisme, elle l'a acquis par bribes[1] ; et précocement, presque à son insu, il a pris une coloration politique, pour devenir ensuite engagement. En 1971, aux côtés de

1. Gisèle Halimi, *Ne vous résignez jamais*, Paris, Plon, 2009.

Simone de Beauvoir et de Jean Rostand, elle fonde le mouvement féministe « Choisir la cause des femmes » et milite en faveur de la dépénalisation de l'avortement. L'année suivante, sa défense de cette jeune fille mineure qui a avorté après un viol a eu un retentissement considérable et a contribué à l'évolution vers la loi Veil de 1975.

Simone de Beauvoir et Gisèle Halimi ont ainsi construit des formes de féminisme différentes pour les femmes victimes. Le féminisme de l'une part d'une intelligence théorique extraordinaire, celui de l'autre part d'un vécu personnel, d'un refus violent d'être soumise aux hommes. Les deux revendiquent haut et fort et savent entraîner derrière elles d'autres femmes. Ensemble, elles partagent un regard, des idées, un engagement.

Simone Veil, forte de ces combats et grâce à son engagement politique et à son rôle de ministre de la Santé entre 1974 et 1979, a obtenu la légalisation de l'interruption volontaire de grossesse (IVG) en 1975. Rien n'était alors acquis, et il lui a fallu du courage pour affronter les propos sexistes qui n'ont cessé de pleuvoir à l'époque.

Ces années 1970 ont vu bien des conquêtes féminines s'affirmer. Que de gratitude je ressens pour ces femmes qui ont pris le flambeau et ont tenu ce bâton de relais jusqu'à ce que des réformes deviennent des lois !

Adolescente en 1975, j'ai pris anonymement part aux voix de l'époque. Une fois devenue professionnelle, j'ai poursuivi pendant vingt-cinq ans mes engagements en accompagnant des femmes au sein d'un centre d'éducation et de planification d'un centre hospitalier universitaire (CHU). Pendant des années, j'ai pu les accueillir dans leur projet singulier. Certaines voulaient interrompre leur grossesse, d'autres la mener à terme et abandonner leur bébé à la naissance, d'autres encore doutaient de leur sentiment maternel et voulaient en parler. Celles qui choisissaient l'abandon bénéficiaient de la séparation d'avec leur enfant sous la protection toujours possible de l'anonymat.

L'anonymat ! Un droit des femmes souvent contesté, entre autres par quelques regroupements de personnes adoptées devenues adultes. En grande souffrance, dans une haine de la mère inconnue qu'ils cachent derrière un besoin de retrouvailles, ils préconisent la chasse aux mères anonymes. L'anonymat est un droit qui permet de confier son enfant à l'adoption, soit en se nommant, soit en refusant de le faire. C'est un droit des femmes. Renoncer à être mère sans se nommer est devenu un sujet polémique où la violence se déchaîne sur les génitrices. Il est pourtant étonnant d'interpréter l'anonymat comme une entrave aux origines, surprenant de définir alors l'enfant comme la victime d'une mauvaise mère, qui a mal agi à son égard. La mauvaise mère existe donc ? Quel enfant en colère parle en ceux qui agonisent ces femmes. D'où vient cette colère et à qui s'adresse-t-elle réellement ? Mère réelle ? Mère archaïque ? Mère mythique ? Mais, plus surprenante encore est la désertion des féministes sur cette question des femmes qui deviennent mères et renoncent à le rester. Nous le regrettons, car c'est un sujet qui touche des thèmes complexes que nous devons ensemble affronter pour le respect de la femme : l'instinct maternel, la sexualité des femmes, leur liberté de dire, leur rapport au corps et au sexe, les relations homme/femme et l'intimité partagée, etc.

Le travail avec ces femmes a été passionnant. Elles venaient rechercher de l'aide, des conseils, de l'information, des soins. Cet engagement dura plus de vingt ans, jusqu'à ce qu'un jour tout soit interrompu. Un nouveau chef, le besoin de s'affirmer, de s'imposer, de marquer son territoire par des idées dites *nouvelles* et le service vola en éclats. Il fut décidé, du haut d'une toute-puissance, qu'il continuerait pour les interruptions de grossesse et serait fermé pour les suivis de grossesse, dorénavant pris en charge dans un autre service. Ainsi, sans un mot d'explication, une redéfinition par les hommes de la maternité s'imposa, provoquant chez les femmes professionnelles des clans « pour » et des clans « contre ». Diviser pour mieux régner : rien de nouveau dans un lieu institutionnel de cette taille, rien d'exceptionnel certes. Mais c'était la démonstration, une fois encore, que le combat pour la condition féminine n'a pas encore trouvé sa maturité et que les femmes n'ont pas encore assez grandi pour contrer, *ensemble,* le pouvoir masculin.

Les années à écouter ces femmes ont été pour moi un enseignement unique. Elles m'ont appris, telles des mères, ce que ma mère ne pouvait pas me dire. J'ai mesuré la complexité de ce passage, cette métamorphose, cet incroyable bouleversement que représente la maternité en écoutant leurs larmes, en recevant leurs mots, en décryptant des souffrances indicibles, cachées dans le silence des tabous qui encerclent la maternité. Ces femmes m'ont fait grandir et m'ont ouvert les yeux. Si j'étais restée face à mes seules maternités, qui m'ont comblée – j'ai presque honte de le dire –, je n'aurais jamais pu appréhender cette part destructrice de ce temps de passage. Bien sûr j'ai vécu des moments de doute, de détresse, d'agressivité envers mes enfants, mais je n'ai pas subi ce grondement intérieur qui empêche parfois le sentiment maternel d'éclore.

Je suis restée libre d'être femme, ce que je dois à mon éducation et à mes parents, qui auraient aimé pour moi une vie plus classique mais qui possédaient cette intelligence naturelle pour supporter ma volonté d'être autrement que ce qu'ils avaient envisagé. Ils n'en étaient pas détruits, et là est la source de la liberté des enfants : quand les parents acceptent que leurs enfants ne soient pas des modèles narcissiques figés dans leurs images parentales. En bref, j'ai eu de la chance. Je suis née fille, je suis née adolescente avec la pilule et l'IVG, et sans le sida, je suis née femme avec l'expérience de droits incontournables tels que l'instruction, je suis née mère avec un bagage social, familial et citoyen de qualité.

Souvent on me demande : « comment pouvez-vous défendre les femmes qui maltraitent, qui tuent, qui violent leurs enfants ? » Tout d'abord, je ne les défends pas. Je n'ai pas choisi le travail d'avocat, mais celui de soignante. Et il s'agit d'un soin tout particulier : celui de l'âme. Répondre à cette question est simple car, oui, ces femmes sont des femmes à part entière, ni dénaturées – comme je l'entends au nom d'un instinct qu'elles n'auraient pas – ni monstrueuses selon le principe d'une cruauté toute féminine. Le degré entre elles et moi est infime ; entre elles et nous toutes, il y a un espace si fin que la bascule n'est jamais loin. Une histoire différente, un vécu personnel autre, une famille intérieure, celle que l'enfant se construit intimement en interprétant avec une sensibilité qui lui est propre, ce qu'il vit avec les membres de sa famille : il n'en faut pas plus pour se situer du bon côté de la morale. Car dans nos idéaux et nos représentations sur la maternité – faits de bonne conscience –, il y aurait des bonnes et des mauvaises mères, selon une ligne toute tracée sur le sol. Il suffit de se tenir bien droite, et du bon côté.

Dire que chacune, dans notre for intérieur, est parfois prête à tanguer fait partie du tabou. C'est un interdit de parole que nous nous imposons. Pas plus tard qu'hier, une femme de 35 ans me téléphone pour avoir un rendez-vous. M'absentant pour quelques jours, je ne peux pas le lui donner. Elle s'effondre, explose en larmes que je sens profondes. Elle a accouché il y a huit semaines et va mal. Elle a l'impression que c'est de pire en pire. Elle ne comprend pas cet enfant, et le plus dur c'est qu'elle ne le perçoit pas comme son enfant. Elle se sent très seule. J'essaye de voir avec elle qui pourrait l'aider, avec qui elle pourrait parler parmi ses proches, après avoir pris soin de lui donner le nom d'une collègue spécialisée dans les relations précoces. Personne, me répond-elle. Ce n'est pas qu'elle soit seule, mais elle m'explique qu'elle laisse croire à tout le monde que cela va bien. « J'ai une image de quelqu'un de gai, qui sait toujours réussir les choses. Et puis mes amies qui ont des enfants ne comprendraient pas ». Voilà le drame des femmes devenues mères à notre époque. Elles vivent avec des images de mères qui n'existent pas. Des croyances que j'essaie de briser depuis plus de vingt ans, en écrivant pour elles, en leur transmettant ce que les femmes me murmurent dans mon cabinet de psychanalyste. Il faut qu'elles entendent ces mots pour rompre avec leur solitude, briser les tabous et reconstruire un réseau de femmes, de mères de familles qui acceptent notre condition humaine et sa fragilité. Êtres de parole, nous sommes liés à nos affects, à nos histoires, à notre environnement, à nos relations. Nous devons le reconnaître pour pouvoir en parler.

Mais en parler comment ? Et quoi dire aujourd'hui ?

Il y a quelques années, une autre figure féministe, Élisabeth Badinter, a manifesté son irritation face à la misandrie ambiante. Son ouvrage de 2003, *Fausse route*, provoque des débats en cascade, tout comme ses prises de position sur la parité politique, qui ont vu certaines militantes vouloir lui retirer l'épithète « féministe ». En 2010, c'est *Le Conflit*, un nouvel essai dont la thèse suscite de vives réactions. N'est-ce pas là le rôle du féminisme ? Des paroles différentes pour un combat commun ?

Poursuivre l'émancipation

Nos aïeules seraient là, elles nous chuchoteraient comment poursuivre le chemin de notre combat pacifiste. Elles nous dicteraient *un petit manifeste de la parole*, en vue de rester toujours dans un angle mature pour une société de la différence. Oui, soyons égaux et différents et non égaux et identiques. Résistons pour ne pas tomber dans ce glissement vers l'effacement de la différence des sexes et des générations. Les deux sont à interroger.

Le féminisme doit s'émanciper sans tomber dans une forme de facilité. Être égaux en se considérant comme identiques ne consiste qu'à éviter notre condition, et constitue un risque majeur pour les femmes. Aujourd'hui, bon nombre d'hommes considèrent nos droits – et donc notre liberté acquise – comme dangereux. Ils se sentent menacés et accentuent leur tendance machiste. Des propos véritablement sexistes à l'égard des femmes leur échappent. Leur blessure narcissique et le sentiment de perte de leur intégrité sont palpables. Menacés, ils redoublent de violence.

Nos combats et avancées doivent se réaliser concrètement, mais également aller à l'origine de tout ce qui décrit la femme comme l'inférieure de l'homme. Nos aïeules seraient là, elles nous convaincraient de revenir aux grands textes afin de les mettre en perspective, les interroger sur leurs influences dans nos représentations actuelles de l'homme et de la femme, mais aussi du couple dans son fonctionnement, dans ses aspirations, ses malentendus.

Un travail de fond s'impose. Il exige de tout lire, du magazine aux textes anciens, des œuvres littéraires aux essais, pour comprendre notre imaginaire, travailler nos paradoxes et en extraire une compréhension de ce qui constitue l'être humain avec les données du féminin et du masculin. Ce travail nous conduira à des positions interprétatives que nous pourrons adopter ou refuser. C'est dans cette malléabilité que notre fertilité intellectuelle, affective, relationnelle, féminine grandira.

Ces quêtes imaginaires de nos aïeules nous invitent à reprendre les mots du courage, de la liberté, de l'égalité, du respect, les mots qui acceptent la rencontre et ses douleurs, les mots qui disent notre complexité et l'appréhendent.

Si elles nous voyaient, elles adresseraient en premier lieu la critique à leurs sœurs, leurs mères, leurs amies et compagnes. Elles les raisonneraient en leur rappelant qu'envisager le féminisme comme revendication du droit des femmes à l'égalité et au respect en organisant la journée de la jupe, ou sans jupe, est une erreur. Ces femmes se trompent – qu'elles me pardonnent ce jugement – et donnent au féminisme une tonalité désuète. Nous avons trop ri des hommes qui pensent qu'ils portent leur masculinité, leur virilité, en dessous de la ceinture, alors ne soyons pas à leur image, ne plaçons pas notre être sur ce même niveau, et relevons un peu le nez. La jupe n'est pas plus phallique que le pénis et n'est en rien ce qui nous distingue.

Le féminisme à l'épreuve des dérapages

L'erreur est humaine certes, mais mieux vaut l'éviter et en l'occurrence la fuir quand elle concerne une cause aussi fondamentale. Le droit des femmes a besoin de force et d'intelligence ; si le féminisme se construit « en réaction à », il fait fausse route. S'il se met à réagir au moindre événement médiatisé, il produit alors un véritable contresens sur le propos féministe et risque une copie qui vaut zéro pointé.

Ces paroles critiques méritent une démonstration, et puisque la rédaction de cet ouvrage se situe en plein feuilleton politico-médiatique autour de l'affaire Dominique Strauss-Kahn (DSK), appuyons-nous dessus. Petit rappel des faits : Dominique Strauss-Kahn dirige le Fonds monétaire international (FMI) et tient une solide réputation de séducteur. En mai 2011, il est arrêté alors qu'il allait quitter les États-Unis, suite à une plainte pour viol déposée par une femme de ménage de l'hôtel dans lequel il séjournait. L'arrestation est théâtrale, les médias couvrent l'affaire, l'amplifient, exhibent des portraits de l'accusé, font le récit de son incarcération, de l'arrivée de sa femme Anne Sinclair – qui paie *cash* sa remise en liberté – et suivent le couple dans les quelques espaces de liberté qui leur sont laissés. Nous apprenons pêle-mêle que Madame Sinclair est richissime, nous lisons sa biographie dans tous les journaux, nous découvrons qu'elle lui pardonne ses incartades, que dans le « milieu » tout le monde connaissait les travers de Monsieur Strauss-Kahn. Les langues se délient, telle celle d'une jeune romancière qui rit aux éclats avec des convives prestigieux lors d'un dîner *people* filmé chez Thierry Ardisson en racontant comment DSK a voulu la violer. Malaise pour le spectateur pris en otage de cette révélation, où la gravité des propos se heurte à leur forme. Malaise pour la psychanalyste que je suis, qui vois que la femme enfant va mal, qu'elle va être dévorée par les loups qui l'attendent au tournant du bois, ces hommes exaspérés par les femmes. Ces machistes sans vergogne tireront à vue. Ils vont attaquer sur ses rires, ses comportements, ses mots qui se veulent libres alors qu'elle n'est que souffrance, violence intérieure, quête existentielle, malaise générationnel. L'enfant va mal, s'entoure mal, se laisse exhiber par ses soi-disant défenseurs, et me fait peur pour elle, pour les femmes, pour ce qui va se dire immanquablement.

Dans le même temps, les femmes de ménage new-yorkaises manifestent pour alerter sur la dangerosité de leur métier, et les femmes politiques françaises décident de se mettre en jupe pour braver le machisme des hommes et signifier l'égalité. Chacun y va de son combat, que celui-ci soit personnel, syndical (pour alerter sur la dureté d'un travail) ou encore militant (pour engager au respect de la différence).

Mais l'affaire en question ne va pas confirmer durablement les langues qui se sont déliées. Début juillet en effet, on assiste à un retournement de situation. Le supposé viol commence à être mis en doute suite à des découvertes imprévues sur le profil de la victime. Plutôt mythomane selon la presse, des comptes en banque semble-t-il bien garnis, cinq lignes téléphoniques aux factures étonnantes, des enregistrements téléphoniques qui laissent entendre qu'elle veut se faire de l'argent sur le dos de DSK, etc. : il n'en faut pas plus pour que l'affaire s'effondre et que ledit viol d'une pauvre femme se transforme en mauvais feuilleton.

Dans ce méli-mélo de propos où les revendications féministes ont émergé haut et fort, que penser de nos combats, de nos arguments, de notre fiabilité, si nous envisageons *de prendre la parole* en réaction à un fait divers et surtout de vouloir valider nos propos à partir dudit fait alors que celui-ci n'est même pas élucidé ? Là est toute la question du combat féministe et, plus encore, du féminisme. Là était le sens du conseil d'Antoinette Fouque, qui nous mettait en garde contre notre propre capacité à devenir notre ennemi. Là étaient nos propos sur le rythme du féminisme et sa capacité à scander ses apparitions et ses revendications. Car il est évident que celles-ci sont justes, indispensables, nécessaires et sans appel. Et les hommes doivent les entendre. Mais sur la forme, rien ne va plus !

Le féminisme n'est pas un cri immédiat en réaction à un fait divers, aussi médiatisé soit-il. Nous ne sommes pas des chiennes de garde, mais nous sommes des femmes et des hommes, soucieux d'égalité, de respect et de liberté réciproques. Pour prendre appui sur la situation médiatique précédente, rappelons que le viol est l'assouvissement de la pulsion d'un être humain, une tuerie psychique, une honte humaine. Hommes et femmes le condamnent lourdement. Et attention à nos raccourcis. Dix années de consultation dans un service spécialisé dans l'accueil des enfants et adultes abusés sexuellement[1] m'ont appris à quel point la violence revêtait des visages multiples : de jeunes garçons abusés, des hommes violés, des femmes attaquées profondément dans leur être intime par l'abus et le viol subi, des plaintes impossibles, des dépositions parfois faites dans des conditions psychologiques

1. Consultation du centre de planification et d'éducation familiale au CHU de Nantes, dans le service de gynécologie obstétrique, à l'époque dirigé par le professeur Lopes.

inacceptables. Nous avons beaucoup à faire pour combattre ces abus récurrents.

Alors oui, le machisme ambiant est omniprésent. Oui, l'inégalité homme/femme est une réalité quotidienne. Oui, il faut se battre à chaque instant pour la condition féminine. Mais prenons garde à ne pas nous saisir d'une affaire pour valider une thèse sans prendre le risque de desservir la cause des femmes.

Le féminisme n'est pas un courant qui veut acquérir des droits en s'opposant à d'autres. Ici, en l'occurrence, un autre droit existe, qui concerne les hommes et les femmes. Nous y sommes tous sensibles, pour ne pas dire attachés : c'est la *présomption d'innocence.* Ce droit est notre propriété et nous devons être ensemble vigilants quant à son respect. Sans cette vigilance, nous risquons d'encourager des lynchages médiatiques. Le temps est l'ami de ce droit. Il permet l'enquête, autorise le doute pour que chaque partie incriminée organise sa défense.

On ne peut pas acquérir un droit au détriment d'un autre. C'est ce qu'a tenté de rappeler Robert Badinter sur le plateau de David Pujadas[1] quand il a été violemment pris à parti par Laurent Joffrin, directeur du *Nouvel Observateur*, puis par Franz-Olivier Giesbert, directeur du *Point.* Le débat est houleux.

Laurent Joffrin accuse Robert Badinter de ne pas avoir eu – je le cite – « un mot sur la victime, pas un

1. Journal télévisé de France 2, 19 mai 2011.

mot de compassion », et l'apostrophe : « Vous comprenez ce que ça veut dire ? C'est plus grave pour un puissant de tomber en bas de l'échelle… »

Robert Badinter s'efforce d'élever le débat et de transformer la dimension passionnelle en raison, en pensée, en réflexion. Mais rien n'y fait. Laurent Joffrin reste sur un mode conversationnel offensif, qui place la femme dans un statut de victime à défendre. Je ressens une gêne devant ses propos, qui stigmatisent la femme, qui font d'elle, de fait, « une pauvre femme victime ». Combien de millénaires pour nous rendre citoyennes et donc capables – oui, capables – *d'être responsable présumée ou victime présumée.* Ce discours de Laurent Joffrin, qui prétend être juste, attentif aux femmes, est sur ce mode-là – et je pèse mes mots – une atteinte à notre dignité, à nos droits, à notre existence en tant qu'égales.

Le débat a pris une ampleur surprenante, et très rapidement malsaine. Il s'est développé en dehors de toute pensée égalitaire. Seuls les fantasmes ont gouverné et, comme nous le savons, le fantasme est une production personnelle qui ne peut prétendre à une quelconque réalité.

Alors apostropher Robert Badinter sur le mode de la leçon de morale – « vous comprenez ça ? » – est réellement choquant. S'adresser à celui qui a obtenu l'abolition de la peine de mort le 30 septembre 1981 ne peut se faire ainsi. Quand un homme est porteur d'autant de nobles combats, on apprend à l'écouter. On lui doit le respect d'un acquis dont la grande majorité des Français sont fiers. Quand Robert Badinter dit « si vous dites "la victime", vous avez préjugé de la décision. Vous dites qu'il est coupable », on ne peut pas prendre le ton d'un enfant buté tout-puissant en répondant « j'ai jamais dit ça ». Le moins que vous puissiez faire, c'est de vous arrêter pour penser sur cette toute petite phrase qui a permis qu'un jour les hommes et les femmes ne s'assoient plus sur la chaise électrique, ne soit plus condamnés à mourir.

Franz-Olivier Giesbert ne fera ni plus ni moins que Laurent Joffrin. Sans aucun complexe, il explique dans un langage plus cru « qu'il a été horrifié, qu'il a eu la bave aux lèvres, car jamais il n'y a eu un mot sur cette femme. Elle a morflé et rien ne prouve qu'elle est une affabulatrice… » « C'est la fille qui va trinquer », poursuit-il. Le langage est viril, comme il se doit sans doute pour aborder la situation de la femme, devenue au passage « fille » donnant à son statut un petit côté mineur qui a échappé à l'orateur. Et nous voilà avec le noble combat de voler aux secours des « filles ». Ne défend pas les femmes qui veut, et l'inconscient – fidèle à lui-même – est d'une cruauté terrible quand il se décide à révéler ce que l'on tente de tenir masqué.

Le féminisme n'est pas réactionnel mais structurel

Le féminisme n'est pas un cri en réaction à une affaire, quelle qu'elle soit. Il est une affaire à lui tout seul. Il ne peut pas être réactionnel car il est structurel. Il est une certitude vécue, une empreinte de soi et de l'autre dans la distinction précoce de la différence des sexes et de leur richesse. Il est en l'enfance, s'en est nourri et se structure dans l'infantile. Le féminisme est un regard, il s'éprouve dans un environnement qui le porte. Il grandit à l'intérieur de soi, se cultive, évolue et marque le monde de masculin et de féminin, dans un partage que l'enfant reçoit comme les premiers mots du féminisme. Garçon ou fille, l'enfant deviendra féministe s'il a reçu lui-même dans son bagage relationnel précoce le sens de cet état d'être. Il est question de transmission dans un regard porteur de féminisme.

Le premier féminisme était plutôt tenu par des femmes même si des hommes, rares, ont osé soutenir leur combat, tel Frédéric Passy, né le 20 mai 1822 et qui aura une arrière-arrière-petite-fille, ma mère, née le 20 mai 1922, soit cent ans plus tard jour pour jour. Je rends hommage à mon aïeul, cet homme d'exception, lui l'homme de l'ombre inconnu des Français alors qu'il a été nommé premier prix Nobel de la paix le 10 décembre 1901. Frédéric Passy n'a jamais cessé d'écrire en faveur de la paix dans le monde, et il a été nommé pendant la 59e conférence interparlementaire qui s'est tenue à l'Assemblée nationale « l'apôtre de la paix ». Contre la guerre, pour l'égalité des races, pour la qualité des conditions de travail, pour l'amélioration des conditions carcérales, pour reconnaître la place des femmes dans la société : Frédéric Passy était sur tous les fronts, démontrant qu'il savait relier les droits entre eux. Sa capacité à soutenir des positions humanistes, féministes et pacifistes est une belle démonstration d'une pensée vive, indispensable quand on s'engage dans la défense de notre humanité.

Sur la réduction du temps de travail, il énonce lors de sa conférence du 12 juillet 1889 à l'assemblée générale de la Société du travail : « Je suis un grand partisan d'une réduction volontaire et raisonnée. Je tiens que les forces des hommes doivent être ménagées au point de vue de leur conservation et de leur emploi... ; je tiens de plus que les hommes ne sont pas seulement des outils, des instruments de travail, mais qu'ils sont des hommes... ; et qu'il faut leur laisser du temps pour penser, pour s'instruire, pour s'améliorer et pour s'occuper de leurs familles. J'estime encore que, dans bien des cas, à une diminution des heures de travail correspond, non pas une diminution, mais une augmentation du travail utile[1] ».

Quant aux femmes, il rappelle leur rôle dans la société et prône en 1906 une éducation sexuelle pour les enfants, celle-ci devant être transmise par les mères. Plus encore, il reconnaît qu'un homme qui réussit le doit aussi à sa femme et il ne cesse de rappeler le rôle de Blanche, son épouse dans son succès : « Je dirai simplement qu'elle a été tout pour moi. Si ma vie n'a pas été tout à fait inutile et si j'ai pu faire à la cause de l'humanité, de la science et de la paix, des sacrifices de temps, de fortune et parfois de santé, c'est à elle, toujours prête à tout accepter et à me soutenir de son grand cœur et de son grand esprit, que j'en suis avant tout redevable. » Honneur qui se dit avec les mots de son époque et une forme de courtoisie désuète, mais j'y vois un symbole profond de reconnaissance d'une parité homme/femme. Là, les rôles étaient donnés certes, mais pour une fois, les deux étaient reconnus et Blanche n'était pas une simple épouse.

1. Cité par Jean-Michel Saint-Girons, « Frédéric Passy (1822-1912), économiste, homme politique et premier prix Nobel de la paix », *Société historique et archéologique de Pontoise, du Val-d'Oise et du Vexin*, 135, 2002.

Le malentendu

Des millions de couples subissent depuis la nuit des temps l'idée que nous sommes complémentaires. Folie de penser que ces corps qui se complètent vont rendre les âmes complémentaires. Pensée simpliste qui fait l'économie de la complexité de nos êtres. Nous ne sommes pas que de simples Lego qui nous encastrons par amour, par affection, par hygiène, par besoin ou sous la pulsion. Là réside le malentendu. Nous adhérons bien entendu à la complémentarité des corps, où le manque opère le désir. Mais ce n'est pas lui qui nourrit la relation singulière. Pour preuve, quand ce désir est assouvi, quand ce manque est comblé, on ne donne pas cher du couple formé. Ces couples du corps n'ont pas d'identité particulière, sont éphémères. De nombreuses combinaisons sont possibles.

Ces quatre quadras qui parlementent autour de leur plat diététique semblent d'avis que, dans le meilleur des mondes, il n'y aurait pas d'homme, ces êtres le plus souvent infantiles à la recherche d'une mère, et qui d'ailleurs les ont épousées pour avoir une mère plus jeune. Faux procès ou lucidité extrême, je ne saurais le dire tant leur parole me déprime. Me passer des hommes ? J'ai à peine le temps de formuler silencieusement ma question que j'entends l'une d'elle affirmer sans aucune pudeur : « enfin au lit, ce serait triste quand même ». Revoilà mes Lego encastrables qui flottent devant moi, tels de lugubres fantômes : j'ai beau les peindre en rose et bleu pour faire plus homme et femme, plus sexy aussi, rien n'y fait, je ne fantasme plus. Un homme affirmerait peut-être, dans un vocabulaire plus cru, qu'il ne bande plus.

D'un côté l'image, de l'autre la chair, tel est le plaisir, tels sont les mots des âmes sexuées qui n'utilisent pas le même corps psychique pour penser, plus clairement les mêmes canaux émotionnels. Les mots des femmes sont plus ronds, plus évanescents, ceux des hommes plus durs, plus directs. La femme possède l'art de la conversation tandis que l'homme dompte l'impétuosité de ses mots et donc, sur le champ de l'intime, préfère se taire. Pendant qu'il la possède avec son corps, elle le possède avec les mots. La femme a du temps pour développer pendant que l'homme est pressé d'en finir. Dans ce rapport à la parole, la complémentarité homme/femme est difficile à imaginer, nos jeux d'encastrement ont disparu, et il apparaît clairement que ce malentendu originaire a créé dans les rapports humains des discordes et incompréhensions si fortes qu'elles ont creusé entre ces deux clans humains un passif loin d'être réglé.

Les hommes en veulent aux femmes de ne pas adhérer au récit du premier homme. Les femmes en veulent à l'humanité qui, alors qu'elles étaient à peine nées, les a trompées. Depuis, elles ont demandé aux hommes et obtenu massivement de sortir de l'esclavage, de la soumission, de la sexualité imposée, de contrôler la natalité, de vivre sereinement avec ou sans enfant, de choisir leur mari, d'en divorcer, d'aimer des femmes, de ne plus rester à la maison, de faire de la politique, de prendre des décisions, d'être indépendante et bien d'autres choses encore.

Au nom de l'égalité, elles ont vécu des combats qui depuis n'ont jamais cessé mais qui semblent aujourd'hui s'essouffler au point que le féminisme d'Éros est remis à l'ordre du jour, sans que j'en comprenne la légitimité. En témoignent les magazines féminins. Ils s'abreuvent de femmes images, qui tombent telles des larmes sur ce que nous sommes devenues. Être femme, désormais, est devenu équivalent à *être un cliché de femme*. Une image, un *être-belle* qui revient à être esthétique, faisant la joie des chirurgiens qui allongent les visages, mettent le nez droit, relèvent les pommettes et lissent la peau. Sans compter le corps, qui doit être grand, de préférence osseux mais avec une poitrine refaite.

« Où sont les femmes ? », chantait autrefois Patrick Juvet. Oui, où sont-elles ? Que font-elles face à ces normes imposées qui tuent la féminité, effacent les différences et oublient au passage le *sex appeal*, la provocation, la richesse des visages, des corps, des silhouettes ?

Que veulent-elles avec les hommes ? Que les hommes soient des femmes comme les autres ? Qu'ils les fassent jouir comme des hommes, mais qu'ils leur parlent comme des femmes ? Comment mettre de l'ordre dans cette attente et reprendre ce malentendu avant que la guerre des sexes ne devienne incontrôlable ?

Car derrière cette montée en puissance d'un sexisme tel qu'il devient un racisme pour l'autre sexe – avec d'une part des femmes qui ne voient en l'homme qu'un pervers narcissique et d'autre part des hommes qui ne voient en la femme qu'une hystérique malsaine – fermente la haine de la différence des sexes. De fait, des comportements caricaturaux s'affirment de plus en plus autour des uns et des autres. La femme est redevenue une femme objet mais cette fois selon sa propre volonté, se pliant au plaisir des yeux de ces messieurs et ce jusqu'à pas d'âge. L'homme est reparti en campagne pour alimenter son harem, multipliant les conquêtes, pouvant user de la force et de la violence quand ce n'est pas les mots gras pour dompter les gazelles récalcitrantes. Tous deux sont dans une quête de jeunisme pitoyable. Mais la femme refaite ou l'homme affublé d'une jeunette ne sont ni l'un ni l'autre devenus jeune. Ils restent avec leur âge, leur passé, plus vieux que jamais, avec leur inexorable ascension vers la fin. Ils sont tristes.

Rien ne va plus entre ces deux sexes qui, pour tenter de supporter leur ordinaire d'être humain et fuir leur propre paradoxe, s'aiment à volonté puis divorcent avec excès pour mieux recommencer ensuite un amour qui durera, comme nous le disent tous les grands spécialistes de « l'hormone de l'amour », trois ans. Perspectives déprimantes !

Le féminisme de l'enfance : une leçon de vie

Elle a à peine cinq ans et sait déjà ce que des hommes de cinquante ans et bien des femmes aussi ne savent pas encore. Elle a à peine cinq ans et elle a compris l'importance de prendre la parole quand nécessaire, prendre *le risque de se dire* – pas seulement dans une logique d'opposition ou de lutte, mais bien dans un désir qui signifie qu'elle ne dépend pas de l'homme, qu'elle n'est pas son inférieure ou « en manque de », mais qu'elle dépend de sa condition humaine, de son rapport au langage. C'est ce que Jacques Lacan appelle après Sigmund Freud, pour sortir d'une forme d'impasse du concept freudien sur l'envie du pénis, le rapport *au signifiant phallique.*

Elle n'a pas cinq ans et semble habitée par ce concept. Elle n'a pas cinq ans et ne s'en laisse pas compter. Cette petite fille ne connaît pas Lacan, mais elle a un frère, un jumeau, qui commence à lui chauffer les oreilles. Ce « faux » jumeau les oblige déjà à se demander, à cet âge sensible, lequel est faux, la différence des sexes étant sans cesse parlée devant eux comme une différence vrai/faux.

Un matin, la coupe est pleine et elle va *savoir le lui faire savoir*[1].

Euxane : « Hein maman, il ne faut pas donner des coups de pieds dans le ventre des filles ? », s'écrie-t-elle en fuyant son frère encore sur ses talons.

« Oui ma chérie », répond sa mère distraitement, habituée à être sans cesse interpellée pour arbitrer les relations entre ses quatre enfants, et en particulier les deux derniers.

Euxane se tourne vers son frère jumeau et lui décoche une grimace en s'exclamant victorieuse : « Ah, tu vois ce que je t'avais dit ! » Puis, se tournant vers sa mère, se redressant hautaine, de tout son petit corps : « Et bien Basile il m'a donné un coup dans le ventre ! »

Elle a à peine terminé sa phrase que Basile, tout son petit visage tendu, debout dans les escaliers, écoutant la plainte de sa sœur, se précipite sur les dernières marches en contenant avec peine sa colère, retenant des larmes prêtes à poindre : « Je t'ai pas touchée, t'es une menteuse je t'ai à peine approchée ! »

Euxane, ne démordant pas de sa plainte, ignorant son frère, poursuit pour sa mère : « Si, il m'a tapé un

---

1. S. Marinopoulos *Le corps bavard*, Fayard, 2007.

peu et ça m'a fait mal là [*elle montre son aine*] à mes boules. »

Basile devient alors fou de rage en entendant les derniers mots de sa sœur : « T'as pas de boules ! », crie-t-il avec force. « Si, j'ai des boules ! », confirme sa sœur en le toisant

Basile : « Les filles n'ont pas de boules, il y a que les garçons qui en ont ! »

Euxane : « Si j'ai des boules, t'as rien compris et c'est pour avoir des bébés quand je serai grande ! »

Basile : « Non, c'est pas vrai, toi tu n'en as pas, mais moi j'en ai ; y a que les garçons qui ont des boules… T'es nulle, tu comprends rien de rien !!! »

Euxane se tourne alors vers lui et tout en le toisant avec mépris lâche : « Toi, tu n'as que des boules de décoration ! »

Comme calmée par cette dernière réplique, elle se détourne et quitte la pièce, laissant l'injure faire son effet.

Voilà, c'est dit, c'est fait, il n'y reviendra pas.

Par cette dernière réplique, Euxane fait mouche. Cette fois son frère est désarmé ; cette tirade l'a atteint. Son petit visage sérieux, dénué de colère, dessine le doute sur ses traits. Que peuvent être des boules de décoration ? Un regard automatique vers son bas-ventre semble signifier un premier besoin de réassurance. Vérifier… mais quoi ? La présence de son sexe, de ses boules, que sa sœur n'a pas, il en est certain… à moins qu'elle ait pu s'en emparer ?

Quant à elle, seule en haut de son escalier, la mine renfrognée, elle ne semble plus aussi sûre d'elle-même. Cette question des boules dans le ventre, elle n'en est pas si certaine. Et puis elle ne voulait pas lui faire autant de peine. Elle se sent triste à son tour, consciente que ses mots de petite fille l'avaient attaqué.

Euxane sent qu'on ne blesse pas l'autre pour exister et que l'affirmation de soi ne doit pas passer par son anéantissement ou sa domination. Elle a cherché les mots et a voulu trouver ceux qui venaient dire qu'ils possédaient quelque chose en commun. Les boules ne sont pas les mêmes, elle le sait, mais chacun en possède. Dire les boules de décoration, c'est comme dire que le pénis n'est pas le phallus mais bien un semblant de phallus. Mais à cinq ans c'est impossible, la différence des sexes résonne en soi et n'est pas objet de raison. L'état de soi se ressent, s'éprouve mais ne se disserte pas.

Euxane est triste car elle sait que les mots sont le chemin de l'explication, pas de l'annulation. Elle pouvait le contrer, pas le blesser. À cinq ans, il est bien difficile de parler du manque sans parler du sexe. Surtout quand on est jumeau et qu'il faut supporter tout mouvement de séparation exacerbée par le besoin d'individuation. Surtout quand on est dit « faux » au regard d'une différence des sexes. Le manque est insupportable, la peur abyssale. Il faut beaucoup grandir pour apprendre à laisser l'autre aller loin de soi, lui qui a passé neuf mois collé serré dans le ventre maternel.

À cinq ans, on pense encore avec son sexe, ce qui est excusable ; on se trompe de combat et cela appartient à la croissance. Mais l'enfance passée, l'adolescence dépassée, l'adulte majeur peut-il encore organiser ainsi des guerres de sexe qui ignorent où se situe cette différence sans frôler le carton rouge ?

D'Adam à Freud

Freud a cru bien faire, et il a bien fait. Il a défriché notre âme en déchiffrant nos émotions, notre vie affective. Tel Ali Baba, il a ouvert la caverne de nos origines et a planté le décor intérieur de nos vies. Tout se construit dans le rapport à l'autre. Notre être devient sujet dans une succession de rencontres sexuées dans un monde où l'homme de sexe féminin et l'homme de sexe masculin se relaient auprès du bébé et occupent des places différentes et non interchangeables. En premier lieu, ce sont des éprouvés bruts qui forment l'univers du bébé, ce moi corporel qui ne sent qu'une chose : la douleur de son estomac tendu ou le bonheur de celui-ci repu. Ces premiers émois deviennent sensoriels, et le bébé joue de ces objets d'amour qui sont odeurs, caresses, vibrations corporelles, sonorités, le tout s'éprouvant dans un monde différencié par du masculin et du féminin qui s'éprouvent dans un quotidien. Le bébé ressent son père et sa mère, les distingue en les humant avant de les différencier en les regardant. Le bébé aime l'homme et la femme, le père et la mère, la différence. Le petit de l'homme recherche cette asymétrie et s'en gave jusqu'à plus faim. Il est un jouisseur de nos corps, de nos mots, de nos émotions. Il les reçoit, puis les recherche. Il veut boire du père et de la mère. Il veut qu'ils alternent et ainsi échapper à l'un ou à l'autre. Il aime se trouver avec un seul parent à la fois et goûter ce temps à deux pour ensuite supporter les moments à trois. Il se sent différent et semblable. Il se voit un jour sexué, et se met à aimer avec cette nouvelle donne.

Il aime grandir et se retourner sur son enfance. Il aime rire de sa croissance et l'observer derrière lui. Il souffre parfois de devoir ainsi s'éloigner et gagner de nouveaux défis où père et mère s'absentent de plus en plus souvent de son monde. Il vit le manque douloureusement, parfois le subit, en pleure, enrage tant il voudrait ne jamais le ressentir. Il devient un homme ou une femme et rougit de ce corps qui le révèle. Plus question de se cacher derrière une tenue asexuée. Le corps dit ce qu'il ne peut encore affirmer. Il tente d'imiter ceux qui lui ont toujours servi de modèles, mais s'en lasse et veut être autre. Il ne veut pas plus leur ressembler. Il veut être un homme différent, une femme autre. Mais il ignore que dans ce refus, dans cet éloignement, il garde en lui les premiers émois de son enfance, les premiers regards sexués, ceux qui lui ont insufflé une trace masculine, féminine, empreinte de valeurs, de pensées sur ce qu'ensemble les hommes et les femmes doivent préserver.

L'envie de pénis, Freud l'a imaginée dans un rapport homme/femme pour lequel l'organe a été mis en lieu et place du phallus, cet organe fantasmatique, brouillant pour quelques décennies les féministes avec les travaux psychanalytiques qu'elles ont réduits à ce propos. Les pistes d'un dialogue mixte apaisé en ont été empêchées avec la collaboration étroite d'essayistes à outrance. Pour ceux-là, les questions de notre humanité se pensent en raisonnements successifs : ils sont dans le refus de toute théorisation de l'inconscient. Le Sujet de l'inconscient n'existe pas, seul l'être raisonnable et raisonné anime nos relations humaines.

Parmi eux, Michel Onfray, qui explique lors d'une émission de Laurent Ruquier qu'il n'a jamais désiré sa mère, qu'il adore son père – énormément – et que le fait qu'il n'ait aucun souvenir de ce désir pour sa mère est la preuve que celui-ci n'existe pas. Il en conclut que la théorie de Freud ne repose sur rien puisqu'il est la preuve vivante que cela n'existe pas. On rit ? On pleure ? On tente de copier son cynisme et on devient indiscret en lui demandant s'il a une femme ? Des enfants ? S'il répond par la négative, on pourra ainsi prouver qu'Œdipe existe puisque Sigmund Freud nous a expliqué qu'il faut justement avoir dépassé son Œdipe pour devenir un amant et avoir des enfants.

Mais qui sont ces hommes qui soutiennent de tels propos, dits philosophiques. Sont-ils des penseurs ou des êtres fragiles ? Des hommes à l'image d'Adam, qui ont peur du manque ? De l'altérité ? De la différence ? Ces pages écrites qu'ils nous adressent ne sont-elles pas l'aveu de leurs doutes indicibles ?

Ce sont l'ensemble des petites philosophies du pénis – qui confondent l'être et l'avoir, qui ne croient que ce qu'elles voient – que nous devons combattre. La pensée ainsi contenue dans du rationnel et du « vu ou vécu » paraît bien fade. Ils sont étranges, d'ailleurs, ces hommes qui pensent que jamais rien ne leur échappe. Plus étrange encore est le succès de ces discours fermés. Ils conduisent notre raisonnement tout droit vers l'annulation de nos résonances singulières, celles qui font le souffle de notre âme, nos différences, notre singularité, notre liberté quand l'altérité est supportée. Mais pour cela, il faut dépasser les défis de nos rencontres affectives, à commencer par les premiers liens intimes avec ceux qui ont choisi de nous accompagner dans la vie : les parents. On peut l'ignorer, mais on ne peut s'en débarrasser.

Alors le succès de ces philosophies est-il une forme de gri-gri intellectuel, comme une parole protectrice contre l'inéluctable fragilité de nos êtres, de ces moments de vie insaisissables ? Peut-être !

Preuve alors que dans la modernité, il y a de l'archaïque. Preuve qu'à vouloir s'affranchir de son inconscient, on ne fait que le voir revenir au galop. « Le retour du refoulé », disait il y a plus d'un siècle notre cher Sigmund.

Mise au point post-freudienne

Mais pour en finir avec les petites philosophies du pénis, il faut aller plus avant encore et en venir au fait. Nous sommes des êtres de langage, des *parlêtres* dirait Lacan, et cette condition structure nos relations, notre affectivité, nos singularités masculines et féminines. L'incidence du langage sur notre destin est à entendre comme une richesse à partager, et donne un peu de hauteur à nos différences qui ne se situent pas seulement en dessous de la ceinture. Avoir ou ne pas avoir de pénis n'est certes pas sans incidence sur notre être, mais pas de panique, il n'y a rien de grave au demeurant ; pas de quoi se greffer un pénis pour les femmes, inutile non plus de clamer haut et fort qu'on en a un qui s'appelle le clitoris. Tout ça est bien puéril et peu convaincant. Nos destins humains féminins – je me répète – doivent prendre de la hauteur et quitter cet appendice qui n'est pas notre sujet. Le phallus, oserais-je dire, nous oblige à regarder plus haut.

Si Freud nous a légèrement éloignés de notre profonde structure humaine en laissant penser que l'altérité devait se penser en fonction d'un organe – le pénis – qu'on avait ou n'avait pas, nous avons ensuite beaucoup cheminé sur cette question et rectifié la confusion qui sévissait entre pénis et phallus.

Tentons une petite explication sur ce grand inconnu qu'est le phallus, que les hommes aiment nous jeter à la face (« femme phallique, castratrice ») sans vraiment mesurer la portée de ce compliment.

Si nous devions lister quelques termes indispensables à la question phallique nous choisirions : castration, conception imaginaire, notion de « tout », jouissance, tiers, manque, perte, symbolisation, etc. Armés de ce court dictionnaire, nous pouvons engager une première démonstration.

La notion phallique est la notion du « tout ». « Être tout pour… » : conception imaginaire qui accompagne la naissance. Illusion mutuelle de la mère et de l'enfant qui se sentent tout l'un pour l'autre. Image de la madone sereine et comblée, de l'enfant mou dans les plis du corps maternel. Comment imaginer que derrière cette représentation se cache un grand défi pour la femme et l'enfant, le défi du renoncement et de l'altérité ? Défi majeur de la vie, qui consiste à se séparer de ce corps maternel pour construire sa propre identité corporelle puis psychique. Sois toi, sois un sujet à part entière, renonce à être tout pour la mère.

En psychanalyse, ce mouvement est celui de la castration ; d'abord castration de la mère pour que l'enfant cesse d'être son phallus, son « *tout* ». La mère est une personne désirante et non pas seulement une fonction maternelle soignante, contenante, enveloppante. C'est cela que le bébé doit ressentir. Face à sa mère qui désire ailleurs, le bébé vit un état de manque qui lui permet d'exister en dehors du désir de sa mère.

La castration sur son mode symbolique signifie « renoncer à » et donc « s'ouvrir vers »... Il y a une dynamique extraordinaire dans ce mouvement, certes douloureux mais qui ouvre sur la liberté d'être, de prendre la parole, *de se dire* et non pas d'être dit. Regardez ces mères qui ne cessent « de dire » leur enfant au lieu de le laisser « se dire ». Aucune possibilité pour lui de s'ouvrir à une rencontre, à un tiers, à une parole qui émane de lui. Quand on s'adresse à lui, la mère intervient, répond à sa place. « Grandir c'est se séparer », dit l'adage populaire. « Grandir c'est renoncer à », expliquent les psychologues pendant que les psychanalystes précisent que « grandir c'est accepter les castrations symboliques successives ». On peut être devenu un homme et rester un enfant, un petit être d'un point de vue psychique. Une croissance harmonieuse repose sur ces doubles mesures. Mais grandir fait mal, grandir fait peur, au point que certains ne l'envisagent pas. Il y a des couples qui veulent ensemble ne pas franchir les étapes de la croissance.

Ils mettent alors en place des stratégies de résistance. Telle la femme devenue mère qui parfois s'enferme dans un *cœur à corps* perdu avec l'enfant, ne désirant qu'une chose sans jamais l'énoncer : qu'il devienne son substitut phallique et qu'il le reste. Les yeux dans les yeux, ils vivent la complétude d'un faux-semblant d'unité. Ils sont devenus un personnage hybride, *le mèrenfant*[1], hors manque, hors altérité, se passant du reste de l'humanité.

Mais nous pouvons aussi évoquer le fonctionnement de certains couples dits fusionnels. Ils vivent eux aussi yeux dans les yeux. La dépendance est vantée, le silence est perçu comme un signe de bien-être puisque l'on se comprend sans se parler, pendant que l'évitement du manque et de l'altérité se vit tel un faire semblant phallique. Donald Winnicott en aurait sûrement dit quelque chose, lui qui en 1957 écrivait : « L'état habituel des choses entre un homme et une femme qui aiment réunir expériences pulsionnelles et relations enrichissantes est que de nombreux enthousiasmes, de nombreux émois doivent rester sans écho et trouver le chemin de leur extinction[2] ».

---

1. Sophie Marinopoulos *Le Corps bavard*, Paris, Fayard, 2007.

2. Adam Phillips, *Winnicott, ou le choix de la solitude*, Paris, éditions de l'Olivier, 2008.

Les résistances s'attaquent aussi à l'individu. Il y a le machiste qui se vit dans la toute-puissance, agrippé à son organe et à tous les objets ou personnes qui feraient fonction de substituts phalliques. Il laisse à penser « qu'il en a », alors que c'est justement parce « qu'il lui en manque » qu'il a besoin d'objets externes. Il y a aussi la femme qui hait tout ce qui est différent d'elle, à commencer par les hommes, sa cible prioritaire ; elle le clame avec jouissance dans un discours agressif, dit « viril ». Telle la militante dans le déni de la castration, à qui rien ne manque : elle appartient à son discours, elle est le discours, elle est dans ce tout.

Assumer la castration est un vrai programme intime.

Après Freud, Lacan démontre comment le phallus n'est pas l'équivalent de l'organe. La fonction phallique telle que Lacan l'entend nous situe les hommes et les femmes inégalement. L'avènement du langage[1] marque la perte qui a dû se produire pour que le langage se mette en place.

Quant à la présence ou l'absence du pénis, elle va induire la dissymétrie dans le rapport au phallus, et chacun devra en faire un travail personnel. Clairement « le dire » n'est pas le même quand on est un homme ou une femme. De même que « se dire » ne prend pas la même tournure narrative. L'homme

1. J.P Lebrun et A. Wénin, *Des lois pour être humain*, Erès, 2008.

aura tendance à penser que parce qu'il a le pénis, il a le phallus. Et l'absence de pénis chez la femme la laissera penser qu'elle peut être ce phallus. Deux *faire semblant* [1] différents où nous retrouvons des caricatures : celle de l'homme qui, possesseur de l'organe, se voit possesseur du phallus et celle de la femme qui se croit le phallus pour l'homme. L'un masculin croit avoir tout et l'autre féminin se pense être tout.

1. *Ibid.*

Le féminisme s'inscrit dans un fait de parole

La femme, un homme comme les autres ? Non, la femme est un être autre, avec un dire différent et une manière de « se dire » qui doit lui être propre.

Ni contre ni pour les hommes, mais avec eux, le féminisme va devoir continuer de mûrir et faire émerger une parole mature et apaisée.

Le féminisme du XXIe siècle a la maladie de son époque. Il veut tout, tout de suite. Il remplace la pensée par l'agir. Au lieu de poser des actes, il passe à l'acte. Est-ce si grave ? Mais oui, bien entendu ! Le passage à l'acte est une réaction immédiate à une souffrance insupportable. Le passage à l'acte ne pense pas, jamais. Il vient en lieu et place de la pensée. Il est violent, désorganisé, meurtrier parfois et toujours source d'un trop-plein. Trop d'angoisse, trop de souffrance, trop de peur, trop d'incompréhension des enjeux de l'altérité.

Quand nous avons appris par les médias que Dominique Strauss-Kahn était suspecté d'avoir violé une jeune femme noire, femme de chambre et pauvre alors que lui est riche puissant et blanc, notre sang n'a fait qu'un tour. Notre souffrance a été intense. Jamais n'est prononcé ce mot dans les médias ou les débats télévisés. Oui, nous avons mal à notre humanité. Nous avons mal à notre altérité attaquée. Nous avons mal à notre intégrité.

Cette douleur de l'âme ne sait pas parler. Elle hurle. On ne peut pas souffrir et parler. Quand on souffre, on cherche à expulser ce qui touche à nos organes vitaux psychiques : notre dignité, notre intégrité, notre valeur humaine.

Cela est valable pour les femmes comme pour les hommes. Mais en l'occurrence, les femmes sont plus durement touchées. Pour elles, tout était à conquérir et bien souvent les hommes, aujourd'hui encore, n'imaginent pas ce que nous avons traversé. Beaucoup sont pris dans leur sentiment de perte, toujours vif. Ils craignent notre liberté, qu'ils vivent comme une attaque, un danger. Leur blessure narcissique est profonde et ils vivent la maturité de nos acquis comme une entrave à leur existence. Ils ne savent pas conjuguer notre pouvoir avec leur force. Ils pensent que c'est antinomique, ce qui nourrit nos incompréhensions et discordes.

Les hommes et les femmes souffrent ensemble, et je le constate chaque jour dans l'intimité de mon cabinet. Ils ne parlent pas cette souffrance, ils l'actent : soit sur leur corps, en somatisant – impuissance masculine, perte de libido féminine, évitement de la rencontre, choix de relations désaffectivées – soit en l'expulsant dans des violences comportementales – attaques verbales, coups, abus, viols, tromperies, addictions – soit dans des manifestations de troubles psychiques – humeurs excessives, déséquilibres affectifs, troubles relationnels, décompensation, névroses narcissiques, etc.

Le féminisme pâtit de ses souffrances modernes, et les femmes réagissent et multiplient les coups de gueule. S'ils sont légitimes, ils posent clairement la question de la prise de parole du féminisme. Il ne s'agit pas que les femmes deviennent silencieuses. Nous ne devons rien laisser passer et toujours être là pour contrer les idéaux, les diktats, les représentations qui musellent les femmes et les oppriment parfois à bas bruit.

S'il est indispensable de multiplier les prises de parole, nous devons pouvoir le faire sur un mode continu et pas seulement quand la souffrance explose. Les femmes doivent être fermes, justes, tenaces, rappelant à chaque fois que c'est nécessaire ce que le mot « équité » signifie. Les hommes et les femmes du XXIe siècle n'ont pas encore acquis des droits égaux. C'est une évidence au travail, en politique, dans la recherche, les sciences, les nominations, les accès aux postes de dirigeant, mais aussi dans la vie familiale, dans les loisirs, dans la répartition des tâches. Inutile de nous parler des nouveaux pères, qui sont conformes à une inégalité qui perdure. S'ils jouent plus avec les enfants et savent changer une couche et donner les biberons, nous ne pouvons que constater que quand il faut penser aux lessives avant de partir travailler, penser à faire garder les enfants le jour des grèves scolaires, inventer des emplois du temps pour eux sur les périodes de vacances, projeter les besoins familiaux sur la semaine, ce sont les femmes qui agissent et pensent. Et ce sont elles qui vont annuler une réunion ou bien leur loisir quand aucune solution n'est trouvée pour les enfants. C'est cela qu'elles vivent dans leur quotidien.

Cette part intime des couples parents épuise les femmes, qui doublent leur journée et sentent le poids de la vie des autres sur leurs épaules. Cela les rend nerveuses, tendues, supportant de moins en moins les moments de dérapage dans les relations hommes/femmes, où remonte alors sur un mode pulsionnel une colère longtemps contenue. Les faits divers qui parlent de nos inégalités sont un exutoire à tout ce que les femmes ne disent pas au jour le jour. Chacune est touchée par les abus, qu'ils soient sexuels, domestiques, professionnels ou, plus banalement, dans des petits moments de convivialité sociale. Si les degrés ne sont pas comparables, les effets sur le moral des femmes agissent continuellement et les atteignent profondément sur un mode d'abord indolore avant, un jour, d'exploser en souffrance psychique aiguë.

Les violences ordinaires faites au respect des femmes sont comme des micro-dépressions invisibles, mais qui tracent leur sillon et laissent des empreintes.

Élargir nos préoccupations pour continuer à porter un féminisme mature

Notre féminisme à la française a pour habitude de se mobiliser de façon permanente et continue autour des grands thèmes – comme l'IVG, la contraception, la violence faite aux femmes, etc. – grâce aux militantes qui veillent sur nos droits, et de façon très discontinue et éparpillée sur des thèmes imposés par l'actualité. Ces deux modes de prise de parole ne me semblent plus suffisants.

Si le féminisme a une histoire radicalement neuve à raconter, cela passe par un changement de rythme d'interventions et par un élargissement de ses préoccupations sur les questions que posent les représentations modernes de la femme. Prenons l'exemple de la maternité. Il y a plusieurs angles à travailler : la grossesse, son interruption ou son suivi, le temps de la naissance, les premiers liens, la vie avec un jeune enfant et l'enfant grandissant.

La femme devenant mère ou pas appartient aux préoccupations du féminisme.

Or si nous prenons souvent la parole et veillons avec fermeté sur le droit à l'avortement, nous sommes beaucoup plus laxistes, pour ne pas dire absentes, sur les questions autour de la grossesse, de la naissance et des liens à l'enfant. Pour être plus concrète, j'aborderai les discours ambiants sur la femme française, qui est celle qui fait le plus d'enfant en Europe. Les cocoricos sur notre natalité – accompagnés d'images figées de la *maternité toujours heureuse* – posent le diktat, jamais épuisé, que seule la naissance d'un enfant épanouit une femme. C'est un sujet du féminisme à part entière.

Après l'épanouissement féminin sous le regard du mari, nous voilà avec l'épanouissement incontournable de la femme devenant mère. L'histoire est belle, mais fausse. Si nous acceptons cette fable sans résistance, nous faisons prendre le risque aux femmes qui s'éloignent de cette image d'être non seulement agressées, mais aussi incomprises. Il va devenir contre-nature de ne pas vouloir être mère (abandon, renoncement mais également, par extension, grossesse pour autrui) ou bien de vouloir annuler la grossesse engagée (IVG). La montée en puissance d'un discours extrémiste sur les femmes n'est jamais loin de ces images. Notre attention féministe devrait pouvoir communiquer sur *les différentes voies d'épanouissement* de la femme et refuser l'hymne *à l'épanouissement de la femme par la maternité.* L'épanouissement est un cheminement singulier.

Aujourd'hui un retour à la femme forcément mère s'affirme dans une politique nataliste inquiétante. Notre inconscient collectif s'en nourrit et j'en dénonce les conséquences sur les femmes.

La première conséquence s'applique à la politique de la santé pour la femme enceinte. Pendant la grossesse, nombreuses sont les femmes qui sont déstabilisées psychologiquement. Des émotions inattendues les traversent, comme la peur, le doute, l'ambivalence, l'agressivité, la haine de l'enfant. Elles ne trouvent aucune place pour être exprimées, sont trop contre-nature. Elles s'opposent aux attentes de notre société, qui a choisi une représentation différente de la mère : la mère ne doute pas et n'a pas peur. Elle aime son enfant, toujours. Dans une société qui vante ce temps de la vie comme un temps merveilleux, s'impose un *interdit de dire* tel que les femmes n'osent pas parler de leur réalité. Cet empêchement crée de la solitude pour les femmes et de l'ignorance chez les politiques qui adaptent leur programme à leurs fantasmes et idéaux et non à la réalité des mères. Ce n'est pas faute d'en avoir parlé, mais ma solitude est à l'égal des mères, tant le discours est difficile à relayer dans l'espace public. Heureusement des journalistes, le plus souvent femmes, font de la résistance et tentent à chaque fois que c'est possible de glisser quelques informations sur ce fléau.

À ce niveau de prise en charge de la femme enceinte, nous constatons une absence de programme de prévention, un déni de la vie émotionnelle et de ses ambivalences pendant la maternité. À partir d'une image véhiculée par une société aveugle, le ministère de la Santé organise des programmes de santé intense pour que la femme soit suivie médicalement dans de bonnes conditions, tandis que la santé relationnelle et affective est ignorée. Dans cette logique médicale, on vante la maternité et on oublie les mères, on pense la santé physique et on ignore la santé psychique – une logique qui ne peut pas penser le symptôme du corps comme l'expression des sentiments.

La deuxième conséquence reste dans le domaine de la santé, sur le temps de l'accueil de l'enfant. Car si des femmes découvrent leur bébé avec plaisir, de nombreuses jeunes mères se sentent déstabilisées par ce statut nouveau et par ce bébé qu'elles tardent parfois à reconnaître. Rien ne se dit alors, mais leur tension est palpable et le bébé en retour boit mal, dort mal, pleure beaucoup. On appelle cela des symptômes, des « dires psychiques », des petites expressions de mal-être dans l'attente d'un ajustement qui tarde un peu. Seulement, l'interprétation du problème du bébé et de sa mère n'est pas interrogée. Le symptôme est pris comme un problème physiologique et non comme une expression psychique. C'est donc le médecin qui est consulté, parfois plusieurs fois par semaine. Ce réflexe médical est sans effet sur le mal-être de la relation, coûte cher au contribuable et ne semble pas encore aujourd'hui interrogeable. L'anxiété maternelle se promène ainsi dans la nature et ne fait l'objet d'aucun programme de prévention et de soin.

Ayant créé il y a douze ans un lieu d'accueil[1] où les parents peuvent venir gratuitement, anonymement et sans rendez-vous pour évoquer avec des spécialistes de la famille, tous psychologues, ce qu'ils vivent intimement avec leurs enfants, je peux témoigner de la nécessité de penser au plus vite une société empathique et solidaire avec les parents d'aujourd'hui. Nous ne pouvons pas faire l'impasse sur les défis inhérents à nos vies affectives et relationnelles. Nous devons organiser, comme nous le faisons en médecine, l'auscultation de cette part fragile et forte en même temps de l'être humain. Nous devons être là pour eux, pour notre avenir. Ces accueils dans des lieux pensés à cet effet ne coûtent pas cher, créent du lien social, préviennent la solitude et évitent que la violence ordinaire ne se transforme en violence familiale et conjugale pour ensuite se déverser dans l'espace public. Il est tou-

1. Service de prévention et promotion de la santé psychique (PPSP) situé à Nantes, et son lieu d'accueil « Les pâtes au beurre ».

jours difficile de faire la démonstration de ce qui va de soi ; mais viendra un temps où nous serons face à l'évidence que ce choix de soin humain, démocratique et économique, dans un esprit de solidarité, est indispensable à notre équilibre.

La troisième conséquence concerne le travail des femmes. Pour poursuivre le raisonnement, une mère qui souffre, qui n'est pas entendue par une société empêchée par une image de la maternité forcément heureuse, est une mère isolée. C'est une femme angoissée, tendue, qui va travailler dans le stress, souvent avec peu de sommeil, une alimentation déséquilibrée, culpabilisée et envahie d'émotions perturbantes. Le tout est contre-productif. Elle sera mal au travail, mal dans ses relations professionnelles, dans ses tâches et ses responsabilités. Elle sera plus souvent en arrêt et sera vue comme une salariée compliquée à gérer. La confiance à son égard sera moindre, tout comme son salaire d'ailleurs.

La quatrième conséquence concerne la femme et la criminalité. Prise dans cette idée que la mère ne peut être qu'amour pour son bébé et que ce bébé est un intouchable, les défaillances maternelles sont irreprésentables. Quand elles surgissent dans la réalité sous forme de néonaticides, maltraitances, la haine se déverse, pouvant aller jusqu'à demander le retour de la peine de mort. J'ai été personnellement plusieurs fois agressée pour m'être exprimée publiquement sur la souffrance de ces femmes. Il est difficile d'entendre qu'une mère souffre de son enfant. La mort d'un enfant est toujours inacceptable, et quand il meurt des mains de sa propre mère, notre indignation est sans limites. Mais il est nécessaire qu'un travail de pensée se mette en place, canalise nos émotions, pour que nous puissions imaginer des programmes de santé qui favorisent une culture de la prévention et non de la répression.

La cinquième conséquence a trait à la vie familiale en général et au devenir de l'enfant. Mauvaise mère, mauvais parents, mauvais enfants, mauvais ados, la ligne de démarcation tracée sur le sol de la bonne conduite envahit nos pratiques. Les mères en difficulté ne sont ni aidées, ni accompagnées, ni soutenues, mais punies. On supprime les allocations, imaginant que cet avertissement va leur permettre de reprendre le droit chemin. La vie de famille est de plus en plus gérée socialement, politiquement, dans la droiture.

Sommes-nous loin du droit des femmes ou au cœur même de nos questions ?

Nous sommes en mauvaise santé relationnelle conjugale, familiale, sociale mais aussi citoyenne. Notre citoyenneté est morose, souvent déprimée, toujours prête à être dépressive. Elle a peur de tout et, privée de sa sécurité intérieure, elle multiplie les actions sécuritaires. Quand on n'est pas tranquille à l'intérieur de soi, on craint tout ce qui nous entoure. On bâtit des murailles, on s'arme et on tire à vue. Quand un parent s'inquiète pour son enfant et qu'il n'arrive pas à le penser ailleurs sereinement, il devient un parent dictateur, qui interdit tout pour garder l'œil sur lui. Il en est de même du groupe, qui peut sans cesse se sentir attaqué dans son intégrité, son existence, son intimité, son espace vital. C'est ce qui débouche sur l'accumulation de lois répressives, signes que notre peur est plus forte que notre raison.

Ces questions de droit sont les questions du féminisme.

Prendre la parole

Le féminisme n'a jamais cessé d'exister. Il est là, dans la cité. Des jeunes femmes font preuve de beaucoup de culot et de créativité pour qu'il perdure, et plus d'une quarantaine d'associations ont prouvé leur capacité de ralliement en se retrouvant à Évry suite à l'affaire DSK, condamnant les propos sexistes en tout genre. Nous leur rendons hommage et les en remercions. Elles se manifestent, restent éveillées. J'ai envie de dire que ce féminisme frontal, de combat, n'est pas mort et a repris brillamment la parole. Ce féminisme est dans l'ensemble moins viril que celui des années 1970 où certaines femmes pensaient qu'il fallait utiliser les codes masculins pour défendre leurs droits. Il est plus doux, ses interventions sont plus actées, comme le groupe d'action La barbe, qui intervient avec des moustaches et postiches de barbe dans des conseils d'administration pour fustiger ces réunions d'hommes puissants.

Elles agissent avec l'aide des internautes qui se font le relais des informations sur les lieux de ces réunions. Le réseau Osez le féminisme est jeune et utilise la Toile efficacement. Elles sont des milliers à se relayer pour faire passer leurs messages, et le temps de communication est incroyablement réduit avec ces réseaux internet. Elles vivent avec leur temps et font avec cette époque soucieuse de réaliser rapidement les choses, de dire les choses encore plus vite et d'aller droit au but dans toute circonstance.

Mais si je suis rassurée de voir des élans et des combats féministes, je reste préoccupée par ce que je nommerais *l'esprit féministe,* cette question *d'intériorité de l'être,* ce regard sur les hommes et les femmes qui doit pouvoir en toutes circonstances reconnaître nos droits égaux. C'est pourquoi je pense qu'aujourd'hui, nous sommes face à plusieurs missions si nous voulons que le féminisme raconte une histoire fondamentalement nouvelle.

Une première mission consiste à faire acte de mémoire. Qui dit acte de mémoire dit ne pas régresser, ne pas reprendre ce féminisme *de l'être de charme,* légitime autrefois mais inadapté aujourd'hui – et bien plus encore, inacceptable. Faire acte de mémoire revient à en finir avec l'idée qu'être belle, c'est correspondre aux attentes masculines au point d'aller transformer son corps pour devenir des femmes papier, ces femmes de magazines, retouchées, irréelles, désaffectivées. Être belle et vouloir l'être, être coquette et rechercher une esthétique, attendre des conseils de magazines n'est pas à condamner. Nous aimons voir des idées de silhouettes nouvelles, mais qu'elles soient fidèles aux femmes ! Que la féminité ne soit pas contenue dans une seule image, celle du business de la mode et du fantasme des hommes. La dérive aujourd'hui est dangereuse pour toutes les femmes et pour nos filles et petites-filles qui s'éloignent de leur identité féminine en collant à l'idée de la féminité qu'on leur impose. Nous ne pouvons pas retourner en arrière. Nous devons avancer comme nos aïeules l'ont fait et jouir des acquis de chaque époque.

N'oublions jamais que le machisme est millénaire et que toute régression demandera des décennies pour reprendre la route. Ce féminisme passé à forger le destin des femmes marche désormais vers une condition meilleure. Pas question de faire demi-tour. Dites-le à vos filles, petites-filles, arrière-petites-filles. Appelez à une prise de parole autre. La féminité comme une arme du féminisme est obsolète, et depuis longtemps. Soyez belles, sexy, coquettes, jouez à séduire les hommes ou les femmes, amusez-vous, soyez légères rien n'est tabou dans ces quêtes et rien ne s'oppose au féminisme ; mais transmettez dans chacun de vos gestes, de vos paroles, de vos comportements que la différence des sexes n'induit pas une différence de régime. Sachez signifier à chaque instant qu'on peut rire, se séduire, s'aimer ou se haïr, mais qu'on ne peut jamais faire perdre à l'autre sa dignité humaine, sa valeur et sa place. Entre les hommes et les femmes, dans les relations affectives, de pouvoir, de travail, dans des contextes conjugaux, familiaux, sociaux, ce constat est beaucoup plus difficile à tenir qu'à dire. Les femmes se font souvent évincer, menacer, opprimer, annuler, dévaloriser ou moquer au nom de leur statut de femme, qui reste, dans la tête d'une majorité d'Adam, un être qui doit savoir rester à sa place, celle qu'ils ont eux-mêmes définie. L'égalité est un sujet sérieux.

La deuxième mission revient à ne pas tomber dans nos caricatures dont se saisissent avec plaisir nos détracteurs, c'est-à-dire à mettre sur la place publique des discordes qui n'ont aucune raison d'être sur une forme guerrière. J'ai assisté récemment à une attaque en règle de quelques féministes sur les questions d'IVG, hurlant au scandale face aux techniques médicamenteuses et à leur utilisation par certains médecins « hommes ». La cacophonie ambiante devant les journalistes, trop contents de pouvoir relayer ces guerres de femmes, est contre-productive. Nous ne sommes pas dans une cour de récréation de maternelle. La femme, perçue pendant des siècles par les hommes comme une éternelle mineure, doit en finir avec cette image et donner le ton de son combat.

En troisième mission, le féminisme devrait pouvoir donner une leçon aux hommes machistes, eux qui, à l'égal des enfants, pensent avec leur sexe et nous servent leur petite philosophie du pénis sans chercher à questionner au-delà. « J'en ai, donc je suis » ne semble pas pouvoir s'appliquer à la femme qui, selon eux, « n'en a pas… alors n'est pas ? ». La leçon pourrait prendre une allure philosophique, littéraire et s'entourer de spécialistes, d'experts, d'intellectuels/elles en s'appliquant à parler de la condition féminine, de la femme, du genre dans une quête d'actions posées. Cet angle a son importance au regard de deux fonctionnements ambiants très actuels, qui viennent parasiter l'entente des hommes et des femmes, mais également intoxiquer les débats que nous espérons instaurer. Il s'agit d'abord du sentiment éprouvé par les hommes, qui voient une forme d'illégitimité dans la liberté des femmes, avec une interprétation simpliste selon laquelle une femme libre serait une femme disponible et à leur service, que ce soit dans les relations professionnelles, amicales, sexuelles ou sentimentales. Il ne s'agit nullement d'une liberté qui leur permette de choisir et de décider. Deuxièmement, cette liberté quelque peu mal vue et aussi mal vécue est ressentie comme une atteinte à leur propre liberté, une sorte de grignotage sur leur propre territoire.

La quatrième mission, qui est celle dans laquelle j'œuvre journellement, tient dans la continuité du combat anonyme des femmes. Elle relève d'un constat : le féminisme n'est pas un parti politique mais un mode de vie, de pensée, un état d'être qui se signifie chaque jour. Le féminisme est une éducation précoce à la vie relationnelle, qui est transmis par les mères et les pères ensemble dans un souci commun du respect, de l'égalité, de la dignité, des droits. C'est un féminisme qui doit être vigilant et demande la participation de tous pour lutter contre ces saynètes sexistes qui laissent des traces indélébiles.

À la boulangerie, dix heures du matin. Un père s'adresse à son fils, qui pleurniche car il n'aura pas le pain au chocolat convoité : « T'as fini de pleurnicher comme une fille ! »

Sortie de classe de primaire. Un garçon de huit ans arrive l'air renfrogné vers sa mère et se lance dans une plainte sans fin sur les copains qui l'ont embêté. Intervention de la mère : « T'as qu'à te défendre et leur montrer que tu n'es pas une poule mouillée ! »

Courses au supermarché. L'enfant de cinq ans, une petite fille, bougonne derrière sa mère, qui lui dit : « T'es bien une fille, toi ! »

Quelques couples d'amis se réunissent pour un pique-nique avec leurs enfants âgés de deux à douze ans. On est dimanche, le temps n'existe pas, l'ambiance est à la paresse et au plaisir. Les pères se regroupent et hèlent les enfants : « Vous venez les garçons, on va voir derrière les rochers comment c'est. »

Deux mères observent un groupe de petites filles qui discutent : « Ah c'est bien les filles, c'est calme et ça aime papoter pendant des heures. Les garçons c'est terrible, il faut tout le temps les occuper. »

Cours de gymnastique. Le jeune Mathieu, douze ans, n'arrive pas à se hisser sur les barres parallèles. Les enfants de la classe rient de le voir si maladroit, retombant sans cesse sur les tapis de sol. L'échec devient un jeu et Mathieu est ravi de faire le spectacle. Le professeur s'approche, l'aide, demande un peu de sérieux, le soutient et voyant tout le corps de Mathieu trembler sous l'effet de l'effort, lui palpe gentiment le bras et lui dit en souriant « mais c'est quoi ces biceps de fillette ? »

Un ami m'ouvre très gentiment la porte d'un restaurant et me laisse passer. Je suis ravie, me retourne et lance provocante : « J'adore ». Réponse narquoise : « Je croyais que tu étais féministe ?! »

Elle a quarante ans, quatre enfants, travaille douze ou treize heures par jour, se déplace dans toute la France mais arrive à être auprès des enfants presque chaque soir. Quand arrive le vendredi soir, elle est exsangue. Son mari, qui est sédentaire avec un travail qui l'occupe huit heures par jour, s'occupe beaucoup des enfants. C'est samedi, dîner entre amis. Tout le monde prend des nouvelles des uns et des autres. Pas un mot sur le surmenage de la jeune femme, seulement une inquiétude pour son mari : « Ça va toi, Alexis, tu tiens le coup avec les enfants ? Ça doit pas être évident de tout mener de front ! » ; et de se tourner vers l'assemblée : « Il est formidable ! ».

Nous avons tous la possibilité de lister ainsi des moments de petite violence ordinaire faites aux femmes, ces petits mots qui en disent long sur une équité qui tarde à venir. Ce sont les hommes et les femmes qui les formulent. Ce sont donc les femmes et les hommes, les mères et les pères qui doivent fournir une éducation qui éradique ces écarts de parole afin que les générations à venir ne soient pas, dès l'enfance, prises dans les contradictions d'un discours explicite qui dicte des droits et d'un discours implicite qui les annule.

Table des matières

Composition et mise en page

NORD COMPO
multimédia

Achevé d'imprimer en octobre 2011
par l'Imprimerie Floch à Mayenne
Dépôt légal : novembre 2011
N° d'impression : 80662
Imprimé en France